Karine Branco

Virginy Médium

L'Oracle de l'Arbre de Vie

ISBN : 978-2-8132-2012-7

www.editions-tredaniel.com

info@guytredaniel.fr

www.facebook.com/editions.tredaniel

Karine Branco
Virginy Médium

L'Oracle de l'Arbre de Vie

Deuxième édition

Guy **Trédaniel** éditeur
19, rue Saint-Séverin
75005 Paris

« Les plantes et les animaux renferment l'image et la figure du monde invisible. »

Origène – 185-254 ap. J.-C.

Sommaire

Le jeu

Chaque carte, peinte à la main, traduit l'essence même de la vie associée à notre milieu connu : végétal, animal, matériel et relationnel, en lui insufflant une symbolique simple, douce et poétique.

L'Oracle de l'Arbre de Vie nous invite à percevoir notre environnement avec un nouveau regard, plus chargé en énergie, plus mystique. Il permet l'évasion dans des endroits paradisiaques, inspirants, connectés à la nature. Ce voyage nous détend, nous ouvre la porte de l'inconscient, nous emmène sur le chemin de nos guides et de nos anges gardiens.

Cet oracle est conçu pour être accessible à toute personne désireuse d'être éclairée sur l'avenir, d'être guidée ou d'entrer en communication avec ses défunts, grâce à une symbolique puissante et facile d'accès. Le nombre important de lames (soixante-dix) permet d'adapter au mieux toutes les situations de la vie. Il est ainsi possible d'effectuer des tirages rapides, complets, simples ou complexes.

Les illustrations sont conçues pour être facilement compréhensibles, avec des notions concrètes du quotidien, telles que le déménagement, l'amour, l'avion… Des cartes de personnages, des saisons, des lieux sont également présentées pour une lecture plus précise et parlante.

Les cartes de l'Arbre de Vie, des lucioles (la spiritualité), de la route et du chemin, peuvent également laisser des messages liés à la connaissance de soi, au cheminement personnel et à la spiritualité.

Les titres et les mots-clés vous apporteront encore davantage d'éclaircissements sur leurs significations.

Ce qui fait de l'oracle un jeu unique est la présence de la carte de l'Arbre de Vie. Elle représente nos anges gardiens et nos proches défunts. Outre la divination, ce jeu vous permet de communiquer avec eux en leur posant des questions grâce au tirage « de l'Arbre de Vie ».

Petite méthode de lecture d'un oracle

Un oracle est un objet très personnel. Il devra être conservé à l'abri des regards, par exemple dans le tiroir de sa table de nuit et ne devra être utilisé que par son propriétaire.

Les cartes seront tirées de préférence sur des matériaux chauds, comme le bois ou le tissu. Il est important de tirer les cartes en étant détendu, dans un état d'esprit positif, en gardant son objectivité.

Lorsque vous prendrez possession de votre jeu pour la première fois, observez chaque carte et faites-en votre propre interprétation que vous noterez dans un carnet. Vous pourrez vous aider, si vous le souhaitez, des définitions que nous proposons un peu plus loin. L'interprétation de votre oracle est un jeu d'observation des indices présents dans les cartes. Les titres, les codes couleurs, les formes, les sujets choisis représentant une symbolique sont autant d'indices permettant d'adapter les significations à votre personnalité ainsi qu'aux situations et aux questions posées.

Les tirages

Plusieurs exemples tirages vous permettront de débuter votre apprentissage.

- Le tirage par 7. Il est assez simple néanmoins efficace.
- Le tirage du chemin de vie vous apportera des précisions sur des thèmes précis de votre vie.
- Le tirage de l'Arbre de Vie est plus complexe. Il créera un lien entre vous, vos anges gardiens et vos proches défunts.

Lorsque vous connaîtrez bien vos cartes, vous pourrez créer vos propres tirages selon vos besoins, le but étant de développer votre propre intuition. Ces tirages, comme toute pratique de divination, demandent de la patience et de l'entraînement afin de vous familiariser et d'apprendre à décrypter les cartes de manière fluide.

Si parfois le jeu reste confus, il ne faut pas insister, ce n'est pas le bon moment et il faut respecter la décision de l'oracle.

Le tirage par 7

Ce tirage peut être utilisé pour répondre à une question précise ou pour avoir une vue générale d'un thème. Vous pouvez aussi ne rien demander et voir ce qui est annoncé. Battez les cartes puis faites couper par le consultant. Observez la coupe. Étalez les cartes face cachée. Faites tirer 7 cartes.

Placez-les sur une même ligne, dans l'ordre où elles sont tirées. La lecture du jeu se fait de gauche à droite. C'est la carte au centre du jeu qui donne le ton du tirage. Faites vos interprétations, retirez les cartes et recommencez.

Exemple d'interprétation :

— Vais-je rencontrer quelqu'un ?

Les cartes donnent : 1- l'hiver, 2- l'ananas, 3- le trèfle à l'endroit, 4- la guinguette, 5- les montagnes, 6- la caisse, 7- la fenêtre.

On en déduira qu'en hiver (l'hiver), il y aura une rencontre (l'ananas) faite par hasard (le trèfle) lors d'un événement festif (la guinguette), que dans cette relation il y aura quelques soucis à dépasser (les montagnes), mais que cette rencontre entraînera un emménagement (la caisse) en commun (la fenêtre).

1
2
3
4
5
6
7

Le tirage du chemin de vie

Ce tirage a pour ambition de vous donner une vue globale de la vie du consultant ou d'un grand thème de sa vie. Il met en avant la carte de l'Arbre de Vie, représentant nos anges gardiens comme créateurs et accompagnateurs de nos chemins de vie.

Placez la carte de l'Arbre de Vie devant vous, en gardant de la place en dessous pour les cartes du tirage.

Si le consultant souhaite avoir une vue globale de son chemin de vie : placez la carte du personnage représentant le consultant.

Battez les cartes puis faites couper par le consultant. Étalez-les. Faites tirer seize cartes que vous disposerez devant vous sur une même ligne, dans l'ordre où elles auront été tirées et en gardant de la place pour mettre d'autres cartes en dessous.

Retournez les cartes, l'interprétation se fera de gauche à droite et par quatre. Vous aurez donc quatre lots de quatre cartes. Chaque lot détaillera un thème différent de la vie du consultant. Tirez ensuite trois cartes que vous disposerez sous le premier lot pour approfondir le sujet et recommencez jusqu'à avoir les réponses demandées. Répétez pour chaque lot. S'il reste suffisamment de cartes, recommencez.

Si vous souhaitez aborder un thème en particulier, sous la carte de l'Arbre de Vie, placez la carte du personnage représentant le consultant ainsi que la carte définissant le grand thème qui préoccupe le consultant :

- L'alvéole : le métier
- Les inséparables : l'amour
- L'argent : l'argent
- Le cœur : la santé

Vous pouvez aussi choisir la carte du personnage correspondant à une époque de la vie, par exemple, le jeune homme ou la jeune femme pour l'adolescence, etc. Procédez comme pour une vue globale du chemin de vie, en ne tirant que quatre cartes.

Tirage pour une vue globale

Tirage pour un thème particulier

Le tirage de l'Arbre de Vie

Avec ce tirage, nous souhaitons vous permettre de créer un lien avec un proche disparu ou votre ange gardien et ainsi leur poser des questions. Vous allez réaliser un tirage qui aura la forme d'un arbre.

Pour former son tronc, vous placerez devant vous la carte de l'Arbre de Vie, qui restera seule si vous souhaitez un contact avec vos anges gardiens. Si vous préférez contacter un défunt, vous placerez au-dessus de la carte, le personnage représentant celui ou celle à qui vous souhaiteriez parler, ou sa photo si vous en possédez une (attention, la personne doit être seule sur la photo).

Battez les cartes puis faites les couper par le consultant. Étalez les cartes face cachée.

Faites tirer 8 cartes, que vous disposerez horizontalement et de gauche à droite de manière à ce que la jonction des cartes 4 et 5 se trouve au-dessus de l'Arbre de Vie ou de la carte personnage. Interprétez-les, puis faites tirer 5 cartes et disposez-les au-dessus des précédentes de manière à ce que la troisième de ces cartes soit au-dessus de la jonction des cartes 4 et 5.

Puis à nouveau 3 cartes que vous disposerez au-dessus des précédentes, au niveau des cartes 10, 11 et 12. Le tout forme désormais un arbre.

Vous pourrez interpréter les cartes horizontalement, verticalement, ou par paquets, comme bon vous semblera. Une carte peut apparaître dans plusieurs tirages.

Exemple :

En contact défunt, je tire sur la ligne du bas en cartes 1, 2, 3 et 4 : la pluie, la jeune femme, les lucioles et le dauphin.

On comprendra que moi (la jeune femme) regarde vers l'au-delà (les lucioles) avec tristesse (la pluie). Le dauphin sera une façon de répondre pour le défunt : « Je suis là. »

En 5, 6, 7 et 8, je tire la ville, le jeune homme, le bateau et les montagnes.

Je déduis qu'un jeune homme devra faire un ou des trajets pour se rendre dans un lieu.

Sur la ligne au-dessus, je tire le papillon, les fleuves, l'automne, le petit garçon, l'œuf.

On peut alors choisir d'interpréter les cartes de manière horizontale : Le jeune homme (12) vivra à l'automne (11) une renaissance (l'œuf - 13) et fera une rencontre (les fleuves - 10) qui sera éphémère (le papillon - 9).

Ou par paquets, donc en associant les cartes 1, 2, 3 et 4 avec les cartes 9 et 10 : donc, le défunt dirait

« je viens souvent te voir, mais je visite aussi d'autres personnes » (le papillon) et « on se reverra » (les fleuves). Et les cartes 11, 12 et 13 avec les cartes 5, 6, 7 et 8, donnent une concordance à ces deux événements, la carte de l'automne les datant à la même période.

Sur la ligne la plus haute, aux emplacements 14, 15 et 16 sont tirées le soleil, la panthère des neiges et l'horloge.

Le soleil (14), symbole de bonheur absolu, associé à la panthère des neiges (15), symbole de la force, montre une volonté du défunt de vous faire part de son bien-être et de sa vivacité retrouvée. L'horloge (16) vient appuyer que cet état dure dans le temps, mais aussi compléter les cartes 12 et 13, et précise que les trajets qui sont annoncés seront à faire sur la durée.

Ne soyez pas étonné que, lors d'une demande de contact avec un défunt, de la divination soit faite ; il est fréquent qu'ils aient besoin de prendre part à notre vie en nous annonçant un événement à venir.

14
15
16
9
10
11
12
13
1
2
3
4
5
6
7
8
Le défunt
L'Arbre de Vie

Signification des cartes

1
L'Arbre de Vie

Bonheur, réussite, fertilité, protection occulte, présence de nos anges gardiens et de nos défunts.

Les racines ancrées profondément dans notre terre, les branches élancées vers le ciel, ses feuilles brillant comme autant d'étoiles dans le ciel, l'Arbre de Vie nous invite à percevoir la présence de nos anges gardiens et proches défunts veillant sur nous depuis l'au-delà.

Il est le père qui, d'un simple regard, perçoit nos peurs et nos doutes, l'ami qui nous comprend si bien.

Il est l'ange créateur et accompagnateur de nos chemins de vie, venant nous confirmer que la voie que nous avons prise est la bonne et qu'aucune douleur ou épreuve n'est imposée sans raison.

Exemples d'associations :

L'Arbre de Vie + Le papillon : pour le tirage de l'Arbre de Vie, l'âme à laquelle vous vous adressez s'est élevée, elle a franchi le passage et a trouvé la paix.

Dans le cas d'un tirage classique : vous êtes un esprit libre, et êtes protégé. La vie vous semble belle et légère.

L'Arbre de Vie + Le désert + Le ponton : dans le tirage de l'Arbre de Vie, le défunt passe du temps seul dans l'au-delà pour se ressourcer.

Dans un tirage classique : un moment de solitude vous est annoncé, mais vous en ressortirez serein.

L'Arbre de Vie + L'œuf : dans le tirage de l'Arbre de Vie, le défunt vit une renaissance dans l'au-delà, suite à son décès ou à un changement de plan de conscience.

Dans un tirage classique, vos anges préparent une renaissance dans votre vie, il faudra observer les cartes voisines pour savoir dans quel domaine.

2
Le soleil

Bonheur, bien-être,
présage positif, charisme, puissance.

Sa lumière rayonne sur nous, sa chaleur nous apaise. Signe que tout va bien, le soleil vous apporte le succès, la joie de vivre.

Astre puissant, sa force prend le dessus et rythme votre vie. Il est rassurant et protecteur.

Quelles que soient les cartes négatives qui l'accompagnent, il en diminue automatiquement leur impact. C'est une des cartes les plus positives du jeu. Tout ira bien.

Exemples d'associations :

Le soleil + La tornade : vous allez vivre un grand bouleversement positif.

Le soleil + Le brouillard : quel qu'en soit le sens, le soleil est si puissant qu'il éclairera la situation.

Le soleil + La lune + La mort (à l'endroit) : vous êtes amené à vous questionner sur votre moi profond et sa dualité afin de trouver votre équilibre intérieur.

3
Les inséparables

Amour, complicité, union.

Oiseaux « d'amour » en grec ancien, les inséparables sont le présage d'un amour sincère, tendre et fidèle.

Couple extrêmement solide et durable, on dit que si l'un meurt, l'autre se laisse mourir de chagrin.

Pour autant, l'amour a bien des facettes différentes. Les cartes voisines pourront alors éclairer la situation.

Exemples d'associations :

Les inséparables + Le désert + La panthère des neiges : indépendance du couple. Deux personnes s'aiment énormément, mais vivent chacune de leur côté.

Les inséparables + Le papillon : liaison où le physique peut primer. Liaison légère, sympathique. Amour non constructif, il faut le voir comme un bon moment à passer, un souffle... Si le papillon est placé avant les inséparables : d'une liaison passagère peut découler une vraie histoire, un mariage, une vie ensemble.

Les inséparables + L'argent : mariage d'intérêt.

4
Les lucioles

*La spiritualité, action bénéfique
des anges gardiens sur nos vies,
capacité médiumnique, protection occulte.*

J'ai dessiné cette carte au Brésil sur une île paradisiaque, imaginant la plage sur laquelle je me trouvais, illuminée de lucioles. Quelques jours plus tard, dans la nuit, le sentier menant à cette plage en était illuminé. C'était époustouflant de beauté. J'y ai vu un signe magnifique. Quelqu'un, là-haut, veillait sur moi et m'écoutait.

L'enfant lève le bras vers les lucioles, conscient qu'elles représentent les anges gardiens qui nous accompagnent, la lumière dans l'obscurité, ainsi que le mystère et la magie de la vie.

Quel que soit l'événement auquel les lucioles sont associées, elles indiquent la protection et la présence de vos anges gardiens.

Exemples d'associations :

Les lucioles + Les montagnes : vos anges gardiens vous protègent dans le défi que vous avez à relever et vous influencent pour aller dans la bonne direction. Sachez observer les signes !

Les lucioles + La mort : peut représenter une personne défunte que vous avez connue et qui vous protège depuis l'au-delà.

Les lucioles + Le sommet + La lune : vous vous élevez spirituellement et possédez un don médiumnique. Vos anges gardiens sont près de vous et vous savez les entendre.

5
L'œuf

Grossesse, naissance, maternité.

L'œuf est le symbole de l'origine de l'univers par excellence. Tout petit, fragile, il porte en lui la force de la vie, la création du monde.

Reprenant les symboles de la sagesse populaire du XIXe siècle, l'œuf est niché dans une feuille de chou, (qui représente le petit garçon), une pluie de pétales de roses (qui représente la petite fille), lui tombant dessus.

Prêt à éclore, à la vue des zébrures qui courent à la surface de la coquille, la naissance est imminente.

Exemples d'associations :

L'œuf + Le nid : le projet est sur le point de se lancer.

L'œuf + Les inséparables : des jumeaux.

L'œuf + La pomme + Le facteur : grossesse à risque, mais qui se termine bien. La présence d'une surveillance médicale est vivement recommandée.

6
Le ponton

Paix, sérénité, repos, confiance.

Le ponton de bois chauffe sous le soleil, et sa chaleur monte doucement sous vos pieds, le long de votre corps et détend vos muscles. Vous vous asseyiez et contemplez l'immensité de la mer.

Les odeurs terrestres des fleurs et des plantes tropicales embaument et s'ajoutent à celles, salines, de la mer et du sable.

Vous prenez du temps pour votre bien-être. Vous vous sentez en paix. Rien ne vient troubler votre esprit.

Vous pourriez être au beau milieu d'une tempête, et vous sentir tout à fait serein, en pleine possession de vos moyens.

Exemples d'associations :

Le ponton + Le train + L'iceberg : un obstacle, un danger arrive très vite, mais vous resterez serein et arriverez à maîtriser la situation.

Le ponton + La solitude : vous éprouvez le besoin de vous isoler afin de trouver votre paix intérieure.

Le ponton + La mort : un grand changement se prépare. Gardez votre sérénité, acceptez cette nouvelle avec paix.

7
L'anneau

Union, mariage, amour, engagement, association.

Le lierre est une plante tenace et vigoureuse Il symbolise la fidélité parce qu'il ne lâche pas facilement prise, et la vie éternelle parce qu'il est vert en toute saison.

S'agrippant à l'anneau, cette carte annonce un mariage, une union solide, durable.

Exemples d'associations :

L'anneau + Les montagnes : construction difficile d'une union, mais avec résultat.

L'anneau + Le dauphin + Le bureau : union avec un·e ami·e rencontré·e sur son lieu de travail.

L'anneau + La fenêtre : construction d'un foyer.

8
L'ananas

Abondance, prospérité, réussite, fertilité.

Dans la petite ville de Paraty au sud de Rio de Janeiro, j'ai remarqué, sur les façades des somptueuses maisons coloniales, de nombreuses effigies d'ananas. Les trouvant magnifiques, j'en ai demandé la signification aux habitants. Ils m'ont répondu que l'ananas est le symbole de l'hospitalité, du luxe et de la réussite.

En effet, quand Christophe Colomb découvre ce fruit offert par les habitants de la Guadeloupe pour souhaiter la bienvenue aux voyageurs et les accueillir dignement, il le rapporte en Europe et cela devient un symbole de grande richesse.

Il fallut d'ailleurs aux jardiniers européens environ deux siècles pour parvenir à le cultiver.

Tout comme son histoire, la carte de l'ananas représente le succès, la réussite, la richesse aussi bien physiquement que mentalement et spirituellement.

Exemples d'associations :

L'ananas + Le soleil + Le serpent : réussite impressionnante qui attire les jalousies.

L'ananas + La caisse : déménagement vers un lieu meilleur.

L'ananas + L'argent : richesse.

9
Les nuages

Rencontre amoureuse, sensation de légèreté, de bien-être, d'être dans les nuages.

Quand nous tombons amoureux, tout à coup, la vie nous apparaît différente, colorée, joyeuse. Notre aura s'illumine, le monde est beau, le monde est rose. Cela ne nous empêche pas pour autant de nous poser les questions : est-ce que cette sensation d'euphorie va durer ? Est-ce que je vais continuer à me sentir sur un nuage ?

Cette carte représente tout ce que l'amour apporte de bon dans une nouvelle relation. La femme et l'homme se font face, s'observent, les sentiments naissant. L'îlot est fertile.

Mais il y a des choses que nous ne connaissons pas encore, qui sont cachées par les nuages.

Exemples d'associations :

Les nuages + L'escargot + La voiture : une rencontre amoureuse qui prend du temps dans son développement. Vous ou votre partenaire aurez besoin de maîtriser la situation.

Les nuages + L'éclair : rencontre qui attire la foudre d'autres personnes. Ou un coup de foudre… Les cartes voisines éclaireront la situation.

Les nuages + L'été : très belle rencontre prometteuse.

10
Le facteur

Cadeau de la vie, surprise.

La cigogne est le symbole de la naissance et du renouveau, apparu en 1840 en Alsace. Il se racontait qu'en dessous de la cathédrale de Strasbourg, il y avait un lac souterrain où s'amusaient les âmes des défunts attendant de venir au monde réincarnés en enfants.

Pour réaliser le souhait des couples désireux d'enfant, un gnome dans une barque argentée, à l'aide d'un filet d'or attrapait délicatement un bébé pour le donner à la cigogne, qui l'apportait ainsi aux parents heureux.

Dans cette carte, la cigogne représente la surprise de la vie dans sa symbolique.

Un cadeau qui tombe du ciel. Un nouveau départ sous de bons auspices.

Exemples d'associations :

Le facteur + L'homme + L'ananas : un homme très bénéfique pour vous. Cela peut être un ami qui vous vient en aide miraculeusement, un homme qui vous trouvera du travail, ou une bonne nouvelle, un ami qui vous veut du bien, etc.

Le facteur + L'horloge : patience, la vie vous réserve une belle surprise.

Le facteur + L'avion : petit départ imprévu réjouissant.

11
La plage

Insouciance, joie, gaieté, lâcher-prise.

Cette carte représente la joie - celle de l'enfant jouant sur la plage, avec les vagues et son imaginaire.

Elle représente également la joie de la mère, de voir son enfant heureux, de ressentir tout le bonheur d'une belle journée de vacances.

Le petit garçon est dans son monde, concentré sur son œuvre, sans aucune autre pensée. Heureux.

Exemples d'associations :

La plage + Le ponton + La tortue : vous êtes un être de lumière, heureux, serein, sans aucune pensée parasite. Vous savez garder la paix et le bonheur en vous.

La plage + La mort (à l'envers) : un événement a pris fin à votre plus grande joie.

La plage + L'éclair : une colère qui éclate et vous libère.

12
Le dauphin

Amitié, fidélité, présence bienveillante.

Le dauphin, avec son aisance dans l'eau, le regard accueillant qu'il porte à l'humain, sa liberté, ses jeux, représente la bonté, le dévouement, l'amitié et la fidélité.

En navigation, ils viennent souvent jouer autour de la coque du bateau, enchantant petits et grands.

Dans cette carte, ce magnifique dauphin nous regarde avec bienveillance, entouré d'autres dauphins nageant autour de lui.

Il est là pour nous. Nous ne sommes pas seuls et avons la chance de pouvoir solliciter les amis que nous avons choisis.

Exemples d'associations :

Le dauphin + L'iceberg + La femme âgée : un ami vient au secours d'une femme âgée.

Le dauphin + Le printemps : début d'une nouvelle amitié.

Le dauphin + La balance : rééquilibrage d'une amitié après, peut-être, des explications.

13
Le cœur

Santé, longévité, bien portance.

Je mc suis inspirée de l'art mexicain pour dessiner ce cœur. Il est le symbole par excellence de l'amour ou de la santé.

Dans cette carte, il est tout-puissant. Le cœur donne vie à l'arbre qui y puise sa sève.

L'existence de l'arbre permet d'accueillir l'oiseau, qui y donnera la vie en construisant son nid.

C'est une mise en abîme à la gloire de la vie.

Exemples d'associations :

Le cœur + Le désert + Le petit garçon : le petit garçon apprécie une certaine indépendance.

Le cœur + La route : vous n'avez pas de souci à vous faire au sujet de la santé sur le long terme.

Le cœur + Les inséparables : couple plein de vie, pétillant, énergique.

14
Le trèfle

Chance, malchance.

Sur la carte, les feuilles pleines de vie qui sont en haut (carte à l'endroit) signifient de la chance.
Sur la carte, les feuilles fanées qui sont en haut (carte à l'envers) signifient de la malchance.

La symbolique du trèfle à quatre feuilles est universelle.

Si les premiers Celtes considéraient le trèfle comme un talisman contre les mauvais esprits, les Chinois, eux, le cherchaient pour avoir de la chance. Chez les chrétiens, chaque feuille du trèfle a une symbolique et représente les vertus théologales d'espérance, de foi et de charité pour les trois feuilles du trèfle, la quatrième étant celle de la chance.

Exemples d'associations :

Le trèfle + La fissure + La ville : vous vivez une période difficile. Rapprochez-vous d'une grande ville, vous y trouverez une bonne opportunité, un coup de chance.

Le trèfle + La mort (à l'endroit) : un coup de chance bouleversera la vie du consultant.

Le trèfle + L'Arbre de Vie : nos anges sont là pour veiller sur nous et provoqueront un coup de chance.

15
Le sommet

Élévation, arrivée au but,
satisfaction, réalisation personnelle.

Arriver au sommet est la preuve d'un effort colossal. Un long chemin semé d'embûches se termine enfin.

C'est la concrétisation, l'élévation, l'épanouissement personnel.

Le bas de la montagne étant caché par les nuages, nous nous sommes élevés au plus haut, loin de tout tracas.

Exemples d'associations :

Le sommet + Les montagnes : vous cherchez à gravir les échelons, à passer au-delà des difficultés et vous y parviendrez. C'est la confirmation que vous êtes sur le bon chemin.

Le sommet + La voiture + La tornade : vous avez réussi, mais le besoin de contrôle pourrait vous conduire à l'échec.

Le sommet + La chute d'eau : concrétisation rapide de vos espoirs.

16
Le nid

Le projet, la gestation, la réflexion.

L'œuf symbolise le commencement du monde, la perfection. Il représente, sur cette carte, l'idée de germe d'une vie spirituelle, d'une idée, d'un projet qui a besoin de temps pour arriver à terme.

L'œuf, lové dans son nid, ouvre des perspectives, tout peut se réaliser.

Exemples d'associations :

Le nid + Les nuages + L'ancre : un lien solide est en train de se tisser.

Le nid + La mer : projet de vacances, de week-end.

Le nid + Le serpent : vous avez un projet, soyez discret, quelqu'un pourrait vous nuire.

17
La route

Chemin tracé, chemin de vie ou avancée vers un projet sans difficulté ni embûche.

La route est large, les arbres la protègent des intempéries, avancez sans crainte.

Cependant, cette route bien droite ne vous permet pas de choisir votre destin, elle vous y emmène directement.

Il ne faudrait pas que cette facilité de vie devienne étouffante. À vous de garder l'esprit ouvert.

Exemples d'associations :

La route + Les lucioles + La grotte : vous avez un chemin de vie sans réelle difficulté. Attention à ne pas vous enfermer dans une spiritualité trop pesante.

La route + Le nid : vous vous lancez dans un projet et parviendrez à le concrétiser sans mal.

La route + L'escargot : vous êtes coincé dans une espèce de vie où la routine s'est installée. Il ne se passe plus rien.

18
La tortue

Sagesse, maturité, longévité.

La tortue nous incite à poursuivre notre chemin avec détermination et dans la sérénité. Bien qu'elle se déplace lentement sur terre, elle est aussi incroyablement rapide et agile dans l'eau. Elle a la capacité de rester calme même dans les moments chaotiques.

Symbole de la voie de la paix, elle nous invite à cultiver celle de l'esprit et une relation harmonieuse avec notre environnement.

Le consultant qui tire cette carte est encouragé à prendre le temps de regarder autour de lui afin de trouver des solutions équilibrées et durables à ses préoccupations.

Exemples d'associations :

La tortue + Le cœur : longue vie.

La tortue + La femme âgée + La pluie : malgré sa tristesse, la femme âgée reste objective.

La tortue + Le papillon : personne qui se connaît très bien et préfère vivre d'aventures plutôt que de se stabiliser.

Dans le tirage de l'Arbre de Vie, elle est un symbole fort de guidance et de protection.

19
La fenêtre

Foyer, famille, bien-être, lieux et personnes rassurants.

Une lumière chaude irradie de la fenêtre. Entourée de fleurs, elle est le signe d'un foyer aimant, au contact de la nature, des autres.

Il sera bon de rentrer bien au chaud, de se lover dans la chaleur du foyer, entouré des siens pour un ressourcement familial.

Exemples d'associations :

La fenêtre + La ruche (à l'envers) + La balance (à l'endroit) : conflit familial lié à une succession ou documents administratifs vous perturbant beaucoup.

La fenêtre + La montagne : vous vivez ou irez vivre à la montagne.

La fenêtre + L'argent : héritage.

20
L'ancre

Ancrage, stabilité, longévité,
fort ancrage dans une situation, une relation.

Telle l'ancre d'un bateau, elle assure la sécurité de l'équipage, sa stabilité.

En cas de tempête, elle constitue son principal espoir de sauvegarde.

L'ancre représente également notre capacité à rester calme et lucide face aux événements de la vie.

Au contraire, l'ancre peut également signifier le désir de ne pas quitter son chez-soi, de rester dans les lieux connus, rassurants.

Exemples d'associations :

L'ancre + L'amour : fondations solides.

L'ancre + L'alvéole : travail durable.

L'ancre + Les montagnes + La tornade : vous êtes stable, bien établi, mais des bouleversements arrivent qui perturberont cet état.

21
La panthère des neiges

Force, courage, détermination.

La panthère des neiges est silencieuse, intuitive et agile. Sa furtivité nous enseigne comment contourner ou dépasser les obstacles avec agilité pour aller vers notre essentiel.

Ses capacités de prédateur nous apprennent à dépasser nos peurs et, en y faisant face, nous pouvons les comprendre et les surmonter.

Elle symbolise ainsi la puissance intérieure, la force, le courage.

Fiable, directe et sans jugement, la panthère des neiges a un sens aigu de l'observation et souvent des perceptions extra sensorielles.

Elle a la faculté de pouvoir passer facilement du monde matériel au monde spirituel, et inversement.

Dans le tirage de l'Arbre de Vie : elle renforce la preuve que nos anges sont bien présents, qu'un message sera transmis.

Exemples d'associations :

La panthère des neiges + La lune + Les inséparables : des doutes s'installeront dans votre couple. Il faudra rester fort et patient.

La panthère des neiges + Le soleil : votre force et votre persévérance payent. Vous voyez les bienfaits de vos actions. Vous êtes solaire.

La panthère des neiges + La pluie : rester fort et courageux. Une période maussade vous attend.

22
Le papillon

Légèreté, espièglerie, inconstance.

Le papillon virevolte autour de nous sans jamais avoir l'air de se poser. Il butine de fleur en fleur, libre, léger.

Spirituellement, chez les Grecs et les Romains, il représentait le passage vers l'au-delà : débarrassé de son enveloppe terrestre représentant la chrysalide, son âme peut se libérer et s'élever.

Exemples d'associations :

Le papillon + Les lucioles : vous vous élevez spirituellement.

Le papillon + La pluie : après une période de tristesse, vous trouverez l'apaisement du cœur.

Le papillon + Les montagnes + Le ponton : vous gagnerez votre liberté après l'accomplissement d'une épreuve.

23
La guinguette

Festivités, invitation,
moments joyeux, dîners aux chandelles.

La guinguette vous invite à danser. Réjouissez-vous, c'est un moment de fête qui vous attend. Laissez-vous aller pendant un instant.

Petits moments agréables à passer entre amis, en famille, avec des collègues…

Exemples d'associations :

La guinguette + La fenêtre : fête de famille.

La guinguette + L'ananas + L'alvéole rupestre : on célébrera la promotion, la réussite, la finalité d'une œuvre artistique.

La guinguette + Le désert : fête pendant laquelle on s'ennuie, on se sent seul.

24
La caisse

Déménagement, changement,
nouvelle période, fin d'une autre.

Le ballon porte une caisse, il s'envole doucement vers votre avenir. Un déménagement aura lieu, c'est sûr. Les choses changent dans votre vie. Pour en savoir plus, il faut consulter les cartes voisines.

Exemples d'associations :

La caisse + L'œuf + Le petit garçon : déménagement nécessaire pour accueillir la naissance d'un petit garçon.

La caisse + L'anneau : vous vous mettez en ménage.

La caisse + Le dauphin : vous prévoyez une colocation amicale.

25
Les fleuves

Rencontre professionnelle
ou amicale, association.

C'est en Amazonie que je découvre que toutes les eaux ne se mélangent pas ! En effet, le fleuve Amazone et le fleuve Rio Negro, en se rencontrant, forment une belle et étrange délimitation, due aux grandes différences de vitesse, de température et de densité des eaux. Cette carte signifie qu'on ne connaît pas encore la personne à venir.

Selon les cartes voisines, cela peut être une belle rencontre, mais aussi une rencontre de mauvaise fortune.

Exemples d'associations :

Les fleuves + Le trèfle + Le bateau : une rencontre chanceuse lors d'un voyage.

Les fleuves + Le printemps : une rencontre qui aura lieu au printemps, ou très bénéfique.

Les fleuves + La lune : la rencontre d'une personne difficile à cerner.

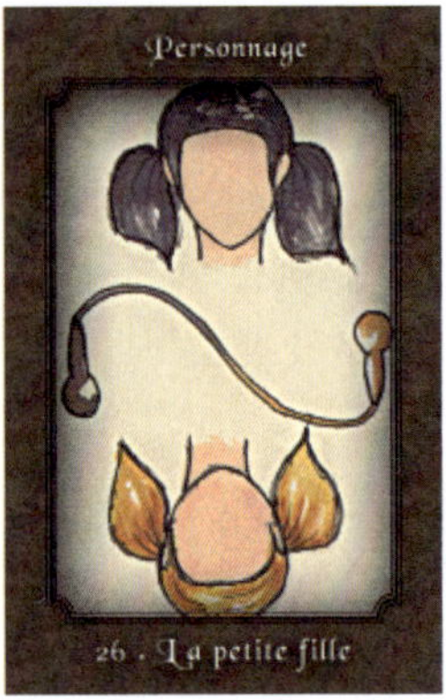

26
La petite fille

La fille, la sœur.

Sur la carte à l'endroit, la petite fille brune est en haut.

Sur la carte à l'envers, la petite fille blonde est en haut.

Pour le tirage du chemin de vie, elle peut être posée comme thème pour symboliser l'enfance.

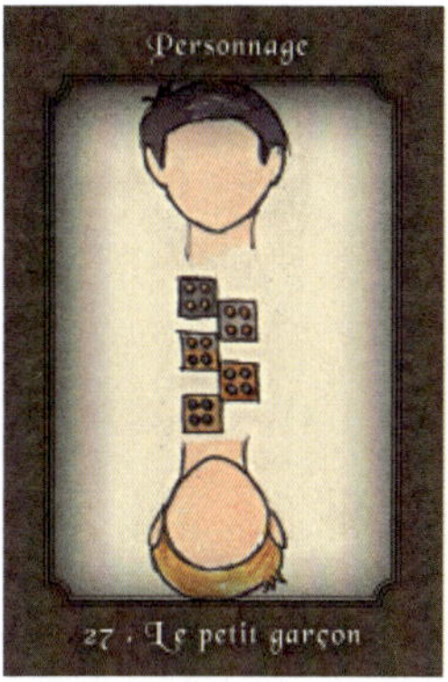

27
Le petit garçon

Le fils, le frère.

Sur la carte à l'endroit, le petit garçon brun est en haut.

Sur la carte à l'envers, le petit garçon blond est en haut.

Pour le tirage du chemin de vie, il peut être posé comme thème pour symboliser l'enfance.

28
La jeune femme

L'adolescence, la fille, la sœur, l'amie…

Sur la carte à l'endroit, la jeune femme brune est en haut.

Sur la carte à l'envers, la jeune femme blonde est en haut.

Pour le tirage du chemin de vie, elle peut être posée comme thème pour symboliser l'adolescence.

29
Le jeune homme

L'adolescence, le fils, le frère, l'ami…

Sur la carte à l'endroit, le jeune homme brun est en haut.

Sur la carte à l'envers, le jeune homme blond est en haut.

Pour le tirage du chemin de vie, il peut être posé comme thème pour symboliser l'adolescence.

30
La femme

L'âge adulte, la consultante, la mère,
l'amie, une personne plus jeune que vous…

Sur la carte à l'endroit, la femme brune est en haut.

Sur la carte à l'envers, la femme blonde est en haut.

Pour le tirage du chemin de vie, elle peut être posée comme thème pour symboliser l'âge adulte.

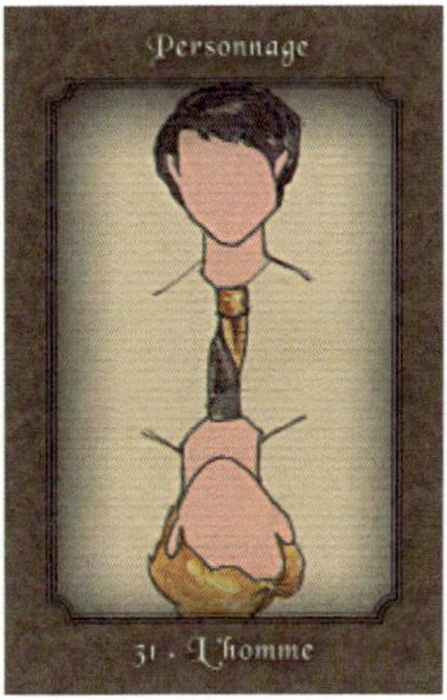

31
L'homme

L'âge adulte, le consultant, le père,
l'ami, une personne plus jeune que vous…

Sur la carte à l'endroit, l'homme brun est en haut.

Sur la carte à l'envers, l'homme blond est en haut.

Pour le tirage du chemin de vie, il peut être posé comme thème pour symboliser l'âge adulte.

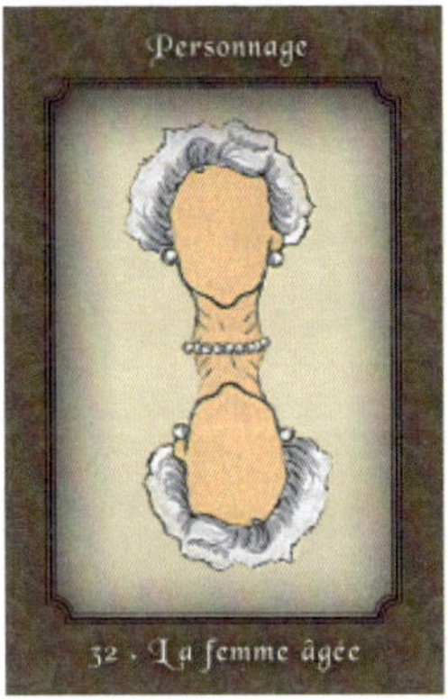

32
La femme âgée

Vieillesse, la grand-mère, la mère,
une personne plus âgée que vous…

Pour le tirage du chemin de vie, elle peut être posée comme thème pour symboliser la vieillesse.

33
L'homme âgé

Vieillesse, le grand-père, le père,
une personne plus âgée que vous…

Pour le tirage du chemin de vie, il peut être posé comme thème pour symboliser la vieillesse.

34
Le printemps

La saison, la jeunesse, la gaieté, le renouveau, la douceur de vivre.

Les couleurs joyeuses de la carte, le bourgeon en son centre s'élevant gaiement vers le ciel pour éclore au soleil, marquent la fin de l'hiver, la naissance ou la renaissance en chaque chose.

Les cartes des saisons représentent également la saison d'une période de trois mois.

Exemples d'associations :

Si vous sortez Le printemps + L'automne : une période de 6 mois.

Plusieurs saisons tombent : l'événement ne se produira pas tout de suite.

Toutes les saisons sortent, en amour par exemple : la relation durera.

Le printemps + Le temps : une période de trois mois.

Le printemps + La ruche : nouveau contrat ou renouvellement d'un contrat.

35
L'été

La saison, l'âge adulte,
le bonheur, la douceur de vivre.

La meule de foin dorée, au centre de la carte, rappelle le soleil et la symbolique forte du bonheur. Tout comme lui, elle vient éclairer les cartes environnantes.

Il est temps de savourer un repos bien mérité, de constater le résultat des efforts fournis.

Les cartes des saisons représentent également la saison d'une période de trois mois.

Exemples d'associations :

L'été + Le désert : indépendance, solitude souhaitée.

L'été + La fenêtre : réunion familiale, plaisir de se retrouver.

L'été + La ruche (à l'envers) + L'éclair : vous serez obligé de travailler alors que vous pensiez prendre du repos, et cela vous contrariera.

36
L'automne

La saison, l'âge mûr, l'approche de la fin d'une période, la récolte.

Les couleurs marron et orange annoncent la période des feuilles mortes. L'été s'en va, l'hiver arrive, période de transition calme. C'est la fin des voyages, la rentrée des classes. Il est temps de rallumer le feu, de rester au foyer. La récolte se termine, l'hibernation se prépare.

Les cartes des saisons représentent également la saison d'une période de trois mois.

Exemples d'associations :

L'automne + L'argent + L'Arbre de Vie : en automne, une somme d'argent va vous être envoyée du ciel. Cela peut aussi être un héritage.

L'automne + L'anneau : votre couple est moins fort, proche de la rupture.

L'automne + Le chemin : il faudra s'attendre à des longueurs dans des réalisations espérées en automne.

37
L'hiver

La saison, l'attente, le repos, la fin.

L'hiver est arrivé, la neige vient purifier la terre, la couvrant d'une douceur ouatée. La nuit domine le jour. Le temps est au repos, à l'arrêt. Tout semble figé, comme mort.

Mais les perce-neige apparaissant sur la carte signifient que la nature est simplement endormie. Chaque graine sommeille dans l'attente de renaître au printemps.

Les cartes des saisons représentent également la saison d'une période de trois mois.

Exemples d'associations :

L'hiver + L'homme âgé + La pomme (à l'envers) : un homme très âgé est malade.

L'hiver + La plage : de grandes joies vous attendent en hiver.

L'hiver + Le printemps : quelque chose qui semblait mort s'apprête à renaître.

38
La ville

Le lieu, sensation de foule, proximité, mouvement.

La ville nous offre son dynamisme sa culture, sa diversité. Toutes les opportunités s'offrent à vous.

Elle peut également être stressante, bruyante, oppressante.

Exemples d'associations :

La ville + La grotte : le lieu devient oppressant. Envie de fuite, sensation de mal-être.

La ville + Le train : la ville est un facteur stressant, avec beaucoup de mouvements.

La ville + La ruche (à l'endroit) + La chute d'eau : en ville, vous aurez des opportunités de travail qui viendront à vous très rapidement.

39
La campagne

Le lieu, la nature, le repos,
la quiétude, la population restreinte.

La campagne nous offre la possibilité, par son calme, de nous ressourcer, de prendre le temps de vivre, d'être au contact de la nature.

Mais le calme peut aussi entraîner un sentiment de solitude et de vide.

Exemples d'associations :

La campagne + La ville : vous vivez à la campagne, mais en plein cœur de bourg.

La campagne + La fenêtre : résidence secondaire / maison à la campagne.

La campagne + La fissure : sensation de solitude, environnement pauvre, la campagne ne vous réussit pas.

40
La mer

Le lieu, l'eau, le repos,
les vacances, l'été, l'exotisme.

Force de la nature, source d'énergie, la mer nous apaise et ses eaux salines sont bénéfiques pour la santé. Elle permet l'évasion de l'esprit et du corps. Nous pouvons y pratiquer toutes sortes d'activités pour nous remettre en forme.

Nous pouvons ressentir le besoin d'être près de l'eau, de vivre à côté d'elle, pour y trouver du repos.

Exemples d'associations :

La mer + Le cœur + L'homme âgé : la personne s'en va en cure…

La mer + Le bateau : vous allez faire un long voyage et traverser des mers.

La mer + L'ananas : vous avez plus de chance de réussite près de la mer.

41
La montagne

Le lieu, la nature, repos,
vacances, la force des éléments.

Force de la nature, source d'énergie, toujours changeante, ceux qui aiment la montagne sont de nature plutôt sportive et aventureuse.

La montagne nous permet de prendre de la hauteur et d'avoir une meilleure vue d'ensemble de notre vie.

Fascinante, il y a un grand contraste entre sa beauté et sa dangerosité.

Exemples d'associations :

La montagne + Le serpent (à l'endroit) : attention à ne pas vous laisser aveugler par la beauté, une trahison vous attend.

La montagne + L'anneau + La jeune femme : une jeune femme éprise de montagne.

La montagne + Le désert : vous vous sentez seul. Chaque voie s'ouvrant à vous est une difficulté potentielle.

42
La voiture

Mode de transport terrestre, petit départ, allure modérée, personne qui dirige, besoin de contrôle, trajet quotidien.

La personne qui conduit sa voiture a la sensation de diriger sa vie, de la maîtriser. Cela lui procure un sentiment de sécurité. Elle avance à son rythme, mais elle avance.

Elle est aussi capable d'emmener des personnes, de les diriger. Capacité de leadership.

Exemples d'associations :

La voiture + Le désert : vous vous dirigez vers une voie solitaire.

La voiture + La campagne : au contrôle, vous avancez sereinement.

La voiture + La campagne + La ville : trajet quotidien qui va de la ville à la campagne et inversement.

43
Le train

Mode de transport terrestre, vitesse, rapidité, passage par des étapes pour arriver à destination, trajet quotidien.

Selon les cartes qui l'entourent, il peut représenter la rapidité, la précipitation, le vite fait mal fait. Il fonce droit devant, « tête baissée ».

Il représente également le bercement, le laisser-aller, la plénitude, un moyen tranquille d'observer le paysage.

Exemples d'associations :

Le train + Le papillon : liaison passagère.

Le train + La chute d'eau + L'horloge : attention à ne pas confondre vitesse et précipitation !

Le train + La caisse : déménagement terrestre et lointain.

44
Le bateau

Mode de transport maritime, traversée,
allure modérée, se laisser porter, départ, voyages.

Prendre le bateau, c'est prendre le départ, un nouveau cap. Avec le bateau, on emporte toutes nos affaires, notre culture.

C'est une histoire ou un déplacement qui s'inscrit dans un temps assez long (le temps de la traversée).

On se laisse porter, on prend le temps de respirer l'air frais de l'océan.

Exemples d'associations :

Le bateau + La caisse + La ruche (à l'endroit) : c'est un nouveau départ, un déménagement, un changement de vie liée à votre travail. Vous traverserez les mers.

Le bateau + Le serpent : on vous mène « en bateau ». Quelqu'un veut vous embarquer dans une histoire malhonnête.

Le bateau + La tornade + Le papillon : vous vivez une relation passionnelle, tumultueuse, compliquée.

45
L'avion

Mode de transport aérien, voyage lointain, survol des océans, vitesse, rapidité.

L'avion suggère le déplacement rapide d'un pays à un autre vers une destination lointaine.

Il représente l'entrée en action, le décollage.

L'évasion, vous prenez votre envol.

Exemples d'associations :

L'avion + Le sommet : concrétisation de vos aspirations.

L'avion + La mer + Le printemps : voyage au-delà des mers qui vous réussira.

L'avion + Les nuages : rencontre euphorisante.

46
L'horloge

Temps, attente, précipitation.

L'illustration représente une association de plusieurs mesures du temps existant depuis la nuit des temps…

On y retrouve l'horloge astronomique, le cadran solaire, les chiffres romains, les signes du zodiaque…

Seules les cartes voisines pourront éclaircir son tirage. Le temps est un tout.

Exemples d'associations :

L'horloge + L'escargot : le temps sera long, étiré, infini avant l'action.

L'horloge + Le nid : il faut laisser le temps au temps afin que le projet mûrisse. Patience.

L'horloge + La vie + Le serpent : des ennuis de santé se profilent à l'horizon, allez consulter.

Avec une carte d'une saison : l'événement aura lieu dans un laps de temps de 3 mois pendant cette même saison.

47
La chute d'eau

Rapidité, précipitation, enchaînement d'événements.

En Argentine, à Iguaçu, je reste subjuguée devant les plus belles chutes d'eau que je n'avais encore jamais vues, déversant une masse d'eau colossale avec une force et une rapidité extraordinaires.

Les événements se précipitent, que vous le vouliez ou non !

Exemples d'associations :

La chute d'eau + La tornade : le ciel va vous tomber sur la tête.

La chute d'eau + La tortue : vous ne confondez pas vitesse et précipitation et savez avancer en restant serein.

La chute d'eau + Le trèfle + L'hiver : une chance se présentera l'hiver prochain.

48
L'escargot

Lenteur, retard, « doucement mais sûrement ».

Déterminé, malgré son aspect fragile et hésitant, l'escargot va droit devant et ne baisse pas le rythme. Peu importe le temps que cela peut prendre, il arrivera au but.

Il indique aussi un laps de temps long ou ressenti comme long.

Exemples d'associations :

L'escargot + Le poteau : une longue période d'échange.

L'escargot + Le nid : votre projet arrivera à son but même s'il est long à se mettre en place.

L'escargot + Le dauphin + La grotte : relation amicale étouffante difficile à arrêter.

49
Le poteau

Communication, message,
bavardages, nouvelles technologies.

Les oiseaux, posés sur les fils téléphoniques, représentent les modes de communication à la fois par leurs chants et par l'électricité.

La nature et la technologie réunies dans cette carte nous rappellent que l'homme a le sens de la communication et qu'il a créé le moyen d'entrer en contact avec autrui.

Vous recevez des nouvelles, vous échangez.

Exemples d'associations :

Le poteau + Le soleil : très bonne nouvelle.

Le poteau + La pomme (à l'endroit) + L'ananas : résultat d'examen de santé positif.

Le poteau + La montagne : malgré l'éloignement, des moyens de communiquer vous seront toujours offerts.

50
L'argent

Richesse, gain, faillite.

Sur la carte, les pièces en bas (carte à l'endroit) signifient petite somme d'argent.

Sur la carte, les billets de banque en bas (carte à l'envers) signifient grosse somme d'argent.

Comme le dit le proverbe : l'argent ne fait pas forcément le bonheur, même s'il y contribue. Vous pouvez en perdre comme en gagner.

Exemple d'associations :

L'argent + L'iceberg : difficulté à recevoir ce qui est dû.

L'argent + L'ouragan : ruine, perte conséquente, vol.

L'argent + L'automne + La pluie : dépense contraignante et imprévue à l'automne.

51
La ruche

Travail, évolution, concrétisation, surmenage

L'abeille donne le meilleur d'elle-même.

En parfaite ouvrière, en symbiose avec ses congénères, elle connaît son devoir et participe au travail pour nourrir et construire l'édifice collectif.

Sur la carte à l'endroit, cette ruche pyramidale représente la réussite sociale. La reine des abeilles sort en son sommet, triomphante. C'est la concrétisation, l'élévation.

Sur la carte à l'envers, la reine se trouve en bas de la pyramide. Le travail est trop présent. Il faut faire le point et se recentrer sur le principal. Il ne pas oublier qu'à côté du travail, il y a une vie, sinon vous risquez le surmenage.

Exemples d'associations :

La ruche (à l'endroit) + L'anneau : fusion de deux entreprises.

La ruche + La mort (à l'envers) + La chute d'eau : burn-out.

La ruche (à l'endroit) + L'été : symbole de la réussite et du plaisir au travail.

52
L'alvéole

Métier, nouvel emploi, apprentissage.

L'abeille donne le meilleur d'elle-même.

En parfaite ouvrière, en symbiose avec ses congénères, elle connaît son devoir et participe au travail pour nourrir et construire l'édifice collectif.

L'alvéole représente le métier, celui qui nous fait vivre. Celui que l'on subit ou qui nous épanouit.

Elle peut être aussi un apprentissage, une formation dans le but futur d'exercer un métier.

Exemples d'associations :

L'alvéole + La solitude + Le bureau : période d'étude, d'orientation, d'examen, d'approfondissement.

L'alvéole + Une saison : métier saisonnier.

L'alvéole + La panthère des neiges : métier où la force et l'endurance sont requises.

53
L'alvéole rupestre

Métier artistique, tendance artistique, art et culture.
Penchant pour l'art dans tous ces domaines.

L'alvéole représente le métier, celui qui nous fait vivre. Celui que l'on subit ou qui nous épanouit.

Les peintures rupestres dessinées au cœur de l'alvéole représentent l'art inné, ancestral.

L'association de l'alvéole et des peintures représentent les métiers liés à l'art, un penchant ou une sensibilité artistique.

Exemples d'associations :

L'alvéole rupestre + La fissure : manque d'inspiration, difficulté à trouver un travail dans le domaine auquel vous aspirez.

L'alvéole rupestre + Le bureau + La mer : satisfaction de travailler dans le domaine artistique.

L'alvéole rupestre + La guinguette : métier festif, lié au spectacle.

54
Le bureau

Démarche administrative, travail de bureau, emploi.

Des tâches administratives ou dans le domaine de la bureautique vous attendent. Elles sont soit l'indicateur d'un événement ou d'un projet heureux, soit une manière de régler les problèmes.

Exemples d'associations :

Le bureau + L'automne + Le serpent (à l'endroit) : démarches administratives permettant de régler un souci qui survient en automne.

Le bureau + Le ponton + Le jeune homme : un jeune homme rigoureux, fiable dans ses études.

Le bureau + Le trèfle : il suffirait de régler des démarches, pour voir la chance sourire.

55
La lune

Personne changeante, lunatique. Part d'inconnu, données cachées. Rêverie, doute.

Depuis la nuit des temps, la lune et ses différentes phases agissent sur les marées, et le comportement de certains animaux. Elle est à l'origine de contes dans lesquels elle apparaît brillante et romantique, tout comme noire, sombre et mystérieuse.

L'homme n'échappe pas à son influence. Son sommeil en est troublé, son attitude changeante.

Nous ne verrons jamais qu'une seule face de la lune, nous ignorons ce qui est dans l'ombre.

Exemples d'associations :

La lune + L'éclair + Le ponton : personne changeante qui peut passer de l'humeur la plus désagréable à la plus douce.

La lune + L'ancre : malgré un caractère changeant, le consultant peut vivre une grande stabilité dans sa vie et s'investir dans la durée.

La lune + L'iceberg : quelque chose vous est caché, si l'iceberg est à l'endroit, c'est sans grande importance, si l'iceberg est à l'envers, le secret pourrait remettre en question certains aspects de votre vie. Vous sera-t-il révélé ?

56
Les montagnes

Défi à relever, difficulté, exigence, parcours difficile, mais satisfaction du résultat.

Les montagnes représentent une difficulté à franchir.

Dur, long, décourageant, le parcours qui nous mène au but ne nous ménagera pas. Si le but à atteindre est un accomplissement, la confiance dans le résultat rendra le parcours plus stimulant.

Même si la difficulté est toujours là, elle peut être vécue d'une manière positive.

Exemples d'associations :

Les montagnes + La guinguette + Le papillon : période de transition faite de sorties et de relations passagères.

Les montagnes + La ruche (à l'endroit) : période d'essai avant signature de contrat.

Les montagnes + La tornade : de grandes difficultés surviendront et bouleverseront votre vie.

57
Le chemin

Chemin de vie ou avancée vers un long projet,
avec rebondissements.

Sur cette carte, le chemin est dégagé. Il est long et tortueux, il vous demandera de passer par bien des étapes, mais n'est pas semé d'embûches.

Il peut paraître interminable. Votre patience est mise à l'épreuve.

Exemples d'associations :

Le chemin + L'hiver + L'ananas : projet long qui semble figé, gelé. Il aboutira néanmoins à des résultats positifs.

Le chemin + L'ancre : même si la vie apporte son lot de soucis, le consultant conserve une grande stabilité.

Le chemin + Le dauphin : amitié inconstante qui dure dans le temps.

58
La balance

Justice, procès, rééquilibrage.

Le tirage avec le plateau portant le poids en bas à droite (carte à l'endroit) signifie un problème important avec la justice ou avec quelqu'un entraînant des complications judiciaires.

Le tirage avec le plateau portant la plume en bas à droite (la carte à l'envers) signifie des petits ennuis judiciaires ou administratifs. Pour autant, rien de grave ou de trop pesant.

Exemples d'associations :

La balance (à l'endroit) + Le ponton : passage en justice provoquant de l'anxiété avec un résultat positif.

La balance (à l'envers) + Les inséparables : union ou association. Pacs, achat immobilier commun, contrat…

La balance (à l'endroit) + La caisse + La chute d'eau : un déménagement aura lieu suite à une décision de justice.

59
La pomme

Maladie.

La pomme nous représente. Elle symbolise nos faiblesses, nos tourments que le corps traduit par la maladie.

Sur la carte, la pomme avec le ver en bas (carte à l'endroit) signifie souci de santé sans gravité.

Sur la carte, la pomme pourrie en bas (carte à l'envers) signifie souci de santé plus grave. C'est peut-être une simple allergie bien gênante, ou une pathologie plus sérieuse. Cela peut aussi être le reflet de notre psyché.

Exemples d'associations :

La pomme (à l'endroit) + La campagne : besoin de se reposer, de s'isoler.

La pomme (à l'envers) + Les montagnes + Le serpent (à l'endroit : santé en péril grave.

La pomme (à l'endroit) + La route : petite affection récurrente.

60
La branche

Accident.

Sur la carte, la branche cassée en bas (carte à l'endroit) signifie blessure, coupure, chute, accident de voiture.

Sur la carte, l'arbre couché en bas (carte à l'envers) signifie la perte ce qui le maintient en vie. Plus de terre pour y puiser son énergie. Il est dans une situation critique.

Avec les soins nécessaires, il peut retrouver la pleine santé.

La carte peut aussi représenter un accident dont vous aurez été témoin.

Exemples d'associations :

La branche (à l'endroit) + La ville : blessure qui nécessite un passage à l'hôpital.

La branche (à l'endroit) + Le ponton + L'ancre : petite blessure qui laisse des cicatrices.

La branche (à l'envers) + Les nuages: rencontre amoureuse avec une personne toxique.

61
L'iceberg

Obstacle, secret, difficulté importante.

Sur la carte, la partie émergée de l'iceberg (carte à l'endroit) signifie qu'un obstacle, une personne, une intempérie, un accident, etc., se mettra en travers de votre chemin.

Sur la carte, la partie immergée de l'iceberg (carte à l'envers) annonce des choses cachées, un obstacle impossible à franchir. Il vaut mieux changer de trajectoire.

Exemples d'associations :

L'iceberg (à l'endroit) + La femme : une personne vous posera des problèmes, route barrée, obstacle dans votre vie.

L'iceberg (à l'envers) + Le papillon : tromperie.

L'iceberg (à l'endroit) + le chemin + le printemps : obstacle rencontré au printemps, sur un chemin de vie déjà sinueux.

62
Le désert

Solitude, isolement, tristesse, indépendance.

Le désert vous entoure, il vous laisse face à vous-même. Il vous reste à décider de quelle manière vous désirez en sortir. Vous pouvez aussi être quelqu'un qui aime la solitude et en a besoin.

Exemples d'associations :

Le désert + Les inséparables : relation amoureuse dans laquelle on se sent seul. Manque de communication.

Le désert + Le serpent (à l'endroit) : entourage peut présent qui nous fait sentir seul.

Le désert + L'alvéole + Le ponton : Vous exercez un métier indépendant qui vous comble.

63
Le brouillard

Errance, stagnation, absence d'échappatoire, esprit embrouillé, beaucoup d'efforts fournis pour peu de résultats.

À travers le brouillard, on distingue une barque. Un être rame pour retrouver son chemin.

C'est en naviguant sur un voilier que j'ai compris à quel point la perspective n'existe plus la nuit. Il est impossible de deviner les distances, d'avoir un point de repère.

Le brouillard s'y ajoutant accentue cette sensation de perdition et les sons nous paraissent étouffés. Aucune possibilité d'amarrage.

Exemples d'associations :

Le brouillard + La lune : vous êtes dans l'incapacité de prendre des décisions. Les doutes vous paralysent.

Le brouillard + L'homme : cet homme cache une partie de sa personnalité.

Le brouillard + L'iceberg + La tortue : une situation dans laquelle vous vous trouvez est complètement floue, hasardeuse, mais vous avancez sans crainte.

64
La pluie

Tristesse, mélancolie, abattement,
accumulation d'événements négatifs.

La pluie est souvent considérée comme une intempérie. Le temps gris nous rend maussade, triste.

Les gouttes d'eau sont autant de larmes qui coulent sur notre visage.

Néanmoins, c'est au Portugal que je découvre *via* le fado, chant populaire lusitanien, que la tristesse et la mélancolie sont aussi nécessaires que la joie.

Tout autant que la terre a besoin d'eau pour vivre, le corps et l'esprit ont besoin de pleurer pour mieux nous faire retrouver la sérénité.

Exemples d'associations :

La pluie + La mort (à l'endroit) + La tortue : la fin d'un événement vous attristera, mais vous retrouverez votre sérénité. Ça n'est qu'un mauvais moment à passer.

La pluie + Les fleuves : rencontre malheureuse, inutile.

La pluie + La femme : une personne nostalgique, triste.

65
La grotte

Enfermement, étouffement, isolement.

La grotte est un lieu sombre et humide. La vie n'y est pas abondante. Si elle est profonde, les odeurs terrestres n'existent pas. L'obscurité est prépondérante.

C'est un endroit où l'on n'est pas à son aise, pas à sa place. Votre esprit tend à retrouver la liberté que nous impose ce lieu.

Mais la grotte n'est pas fermée, il existe toujours une sortie. Encore faut-il la trouver.

Exemples d'associations :

La grotte + Les inséparables : sensation d'étouffement dans son couple.

La grotte + Le brouillard + L'alvéole : étouffement dans l'incapacité à trouver du travail.

La grotte + La pluie : dépression.

66
Le serpent

Hypocrisie, violence, malveillance.

Le serpent représente une personne malveillante à votre égard.

Sur la carte, l'œil du serpent en bas (carte à l'endroit) indique de la jalousie, des ragots.

Sur la carte, le couteau en bas (carte à l'envers) signifie de la violence.

L'œil du serpent vous regarde avec un air malveillant, calculateur, manipulateur. Son but n'est que de vous nuire, pour quelques raisons que ce soit.

Sa queue est un poignard, il n'hésitera pas à s'en servir.

Il vous faudra trouver le moyen de vous en sortir.

Exemples d'associations :

Le serpent + l'alvéole : se méfier de ses collègues, bâtons dans les roues, intrigue, convoitise.

Le serpent (à l'envers) + L'homme : personne violente à fuir.

Le serpent + La panthère des neiges : personne à la personnalité très charismatique, mais pourtant très néfaste.

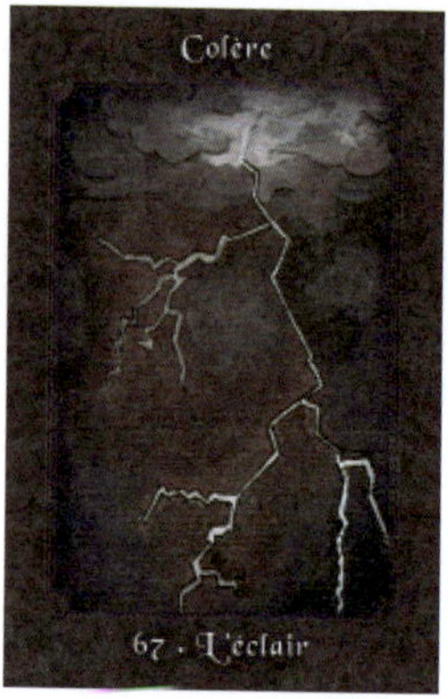

67
L'éclair

Colère, conflit, violence.

À l'approche de l'orage, les nuages obscurcissant le ciel diminuent la lumière. Le tonnerre gronde, les éclairs jaillissent de manière imprévisible.

L'orage perturbateur peut nous entraîner dans la colère. Elle peut être subite, latente, nécessaire ou salvatrice, selon les cartes qui l'entourent.

C'est une émotion que l'on perçoit comme négative, mais qui, pourtant, peut être très positive.

Exemples d'associations :

L'éclair + Les inséparables + Le papillon : tromperie qui éclate au jour.

L'éclair + Le brouillard : impuissance d'une situation qui vous met en colère.

L'éclair + La panthère des neiges : personnalité impétueuse.

68
La fissure

Pauvreté, stérilité, séparation, difficultés.

Sur cette terre aride, aucune vie ne peut naître. Elle est si sèche qu'elle se fissure, et la boîte de conserve en accentue la misère, la solitude, le désespoir, la stérilité.

Pour combler la fissure, il faudra puiser dans sa force intérieure, sa patience et son ingéniosité.

Exemples d'associations :

La fissure + L'argent : perte d'argent, pauvreté.

La fissure + Le brouillard + L'alvéole : difficulté à trouver du travail. Vous ne savez pas comment faire pour changer la situation.

La fissure + Le poteau : vous avez besoin de communiquer votre détresse.

69
La tornade

Dévastation, dépression,
changement radical, destruction.

La tornade arrive sans prévenir. C'est l'intempérie la plus néfaste, la plus effrayante.

Elle dévaste tout sur son passage pour n'y laisser que peine et poussière. Il est impossible de l'arrêter.

Face à un phénomène naturel aussi puissant, vous ne pouvez qu'attendre qu'elle disparaisse comme elle est apparue. Vous subissez la situation. Il faut vous armer de courage et de patience pour reconstruire ce que la tornade aura détruit ou sérieusement endommagé.

Mais si vous avez vu arriver la tempête, si vous avez réussi à anticiper, à vous protéger, elle aura moins d'impacts négatifs.

Exemples d'associations :

La tornade + La fissure : grand bouleversement que vous aurez du mal à surmonter.

La tornade + La panthère des neiges + La tortue : un grand bouleversement que vous arrivez à surmonter grâce à votre optimisme et votre force intérieure.

La tornade + L'union : divorce.

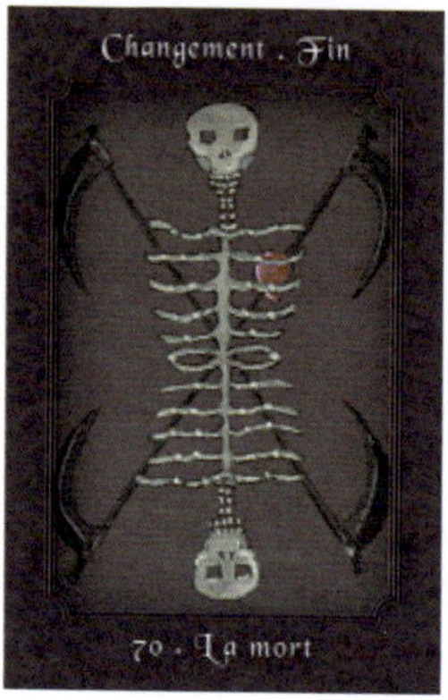

70
La mort

Fin, nouveau départ, remise en question.

Sur la carte, le cœur en haut (carte à l'endroit) signifie un grand bouleversement, un renouvellement, le début d'une nouvelle vie. Il faut laisser le passé derrière nous, accepter l'évolution et le mouvement de la vie. Ce changement sera positif.

Sur la carte, la cage thoracique sans cœur en haut (carte à l'envers) signifie que quelque chose se termine. C'est la fin d'un cycle, la fin d'une relation, d'un travail, d'un moment...

Exemples d'associations :

La mort (à l'endroit) + Le trèfle : un coup de chance bouleversera la vie du consultant.

La mort (à l'envers) + La plage : un événement néfaste a pris fin à votre plus grande joie.

La mort (à l'envers) + Le dauphin + Le papillon : mort d'une amitié qui n'était qu'illusion.

À propos des auteures

Je suis née les yeux grands ouverts sur le monde, et ne cesse de les ouvrir encore et toujours. Ma curiosité n'a pas de limite, mes interrogations sont sans fin. Téméraire, je croque la vie à pleines dents depuis l'enfance, encouragée par un monde familial quelque peu atypique – mon grand-père radiesthésiste, tout d'abord, qui m'ouvre et me fait entrer dans le monde des énergies, du mystique, de l'humain. Par ma mère, également, magnétiseur-guérisseur, me formant à comprendre et accepter l'Invisible.

Dotée d'une nature créative et sensible et attirée par les arts plastiques, je rentre aux Beaux-arts de Tournai, en Belgique. J'ai donc un pied dans l'artistique et l'autre dans les sciences parallèles, lorsque je décide d'aller vivre au Québec. J'ai alors la chance de travailler sur un tournage de film. Cela devient une évidence, enfin je peux fusionner mes passions du voyage, de la découverte et de l'art en devenant décoratrice dans le cinéma, et ce, depuis une vingtaine d'années.

Je continue à parcourir le monde, toujours animée d'une soif de connaissance, et j'en profite pour visiter médiums et voyants dans un désir de mieux comprendre ces énergies qui nous entourent.

Quand ma mère me demande de lui créer un jeu de cartes, le déclic se fait. Je ne pouvais pas trouver meilleur guide que la conjugaison de l'art et de l'ésotérisme. Dans un premier temps, je crée un jeu à ma dimension ; complet, simple, inspiré, il couple mes connaissances ésotériques et du voyage, mes découvertes et mon amour de la nature du monde.

Mais mon instinct me dit que pour être complet, il lui faut une dimension spirituelle plus élevée, et je me mets en quête d'une personne capable de lui insuffler cette symbolique. C'est alors que je rencontre Virginy.

Médium de naissance, elle exerce professionnellement son don depuis 2008. Ses capacités sensorielles sont impressionnantes et sa personnalité m'enthousiasme. Elle aime mon jeu, dont elle sent l'énergie. Elle pense que peu de jeux sont conçus pour un usage professionnel et accepte de m'aider afin que nous puissions donner vie à cet oracle de passion.

C'est ainsi que Virginy insuffle à *L'Oracle de l'Arbre de Vie* une dimension médiumnique très forte, unique et spirituelle.

Karine Branco

Pour contacter Virginy :
www.virginymedium.fr

Remerciements

Je remercie ma mère qui a toujours cru en en mes capacités artistiques. Sans sa confiance et son sens du passage, le jeu n'aurait jamais vu le jour.

Mes remerciements vont également à Virginy Médium, qui, de par sa confiance, sa générosité, son don immense, et malgré un emploi du temps surchargé, nous a permis d'aller jusqu'au bout de mon ambitieux projet !

Un grand merci à mon éditeur, qui a compris le sens de *L'Oracle de l'Arbre de Vie* et m'a donné les moyens de le faire connaître.

Enfin, je remercie toutes celles et ceux qui m'ont encouragée à continuer dans les moments de doute, vous êtes tous très chers à mon cœur !